SOCIÉTÉ DES FÊTES DE CHARITÉ.

LA QUÊTE

PAR

M. LE MARQUIS DE BOURDILLON,

PRÉSIDENT DE L'ACADÉMIE DES SCIENCES, BELLES-LETTRES ET
ARTS DE BORDEAUX.

(Extrait du Recueil des Actes de l'Académie.)

Se vend au Profit des Pauvres.

BORDEAUX,

CHEZ GOUNOUILHOU, IMPRIMEUR DE L'ACADÉMIE.
Rue Sainte-Catherine, 139.

1852

SOCIÉTÉ DES FÊTES DE CHARITÉ.

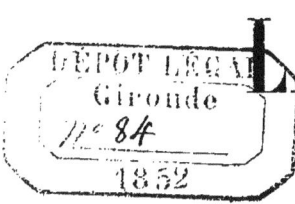

LA QUÊTE

PAR

M. LE MARQUIS DE BOURDILLON,

PRÉSIDENT DE L'ACADÉMIE DES SCIENCES, BELLES-LETTRES ET
ARTS DE BORDEAUX.

(Extrait du Recueil des Actes de l'Académie.)

Se vend au Profit des Pauvres.

BORDEAUX,

Chez GOUNOUILHOU, Imprimeur de l'Académie,

Rue Sainte-Catherine, 139.

1852

LA QUÊTE.

———

La quête est un tyran dont rien ne nous délivre :
    Nous avons beau nous récrier :
Quand pour celui qui souffre ou n'a pas de quoi vivre,
    Une femme vient nous prier,
    Résister est bien difficile.
    Puis, dites-moi quelle est la ville,
    Je n'excepte aucune cité,
Où, plus que parmi nous, germe et croît plantureuse,
    Au profit de la pauvreté,
    Cette semence généreuse,
    Ce sang du Christ, la Charité?

L'ardente charité qui, d'une aile discrète,
  S'abat sur toutes les douleurs,
Calme bien des sanglots, adoucit bien des pleurs;
De ce pauvre honteux devine la retraite;
    Pénètre, mais timidement,
    Dans le grenier de l'indigence,
    Et se courbe résolument
    Sur le grabat de la souffrance.
Voilà la charité! Des heureux de la terre
Elle vient humblement réclamer quelque don,
    Pour alimenter notre frère,
    Un orphelin dans l'abandon,
    Cette veuve dans la misère.
A la voir suppliante et la rougeur au front,
Craignant d'être importune, et, partant, de déplaire,
    Ne dirait-on pas qu'elle espère,
    Moins une aumône qu'un pardon?
Voilà la charité! C'est quand elle soupire
    Que sa puissance s'affermit,
    Et que son bienfaisant empire
    S'étend sur tout ce qui respire,
    Tout ce qui pleure et qui gémit.

Telle on la pratiquait du vivant de nos pères:
Les temps, assurément, ne sont pas plus prospères;
    Mais le siècle a fait des progrès;
Et, semblable au géant dont les pas sont énormes,
La quête, sous vingt noms et sous diverses formes,
Du possible en ce genre a franchi les degrés.

De nos jours, en effet, bien plus ingénieuse,
    Plus féconde en ses résultats,
Dans ses expédients vraiment prodigieuse,
D'un impôt de plaisirs elle frappe, rieuse,
    Tous les rangs et tous les États.

Voyez comme elle multiplie
Les pieux réseaux qu'elle tend !
Voyez combien elle comprend
Que sa tâche est inaccomplie
Tant qu'il reste un être souffrant !

Prenant l'homme avant sa naissance,
Le protégeant dans son enfance ;
Et, dans son âge mur, par d'utiles secours,
Par l'à-propos de l'assistance,
D'un travail commencé facilitant le cours ;
Puis, le soignant vieillard ; enfin, quand il succombe,
A cette œuvre de bien mettant le dernier sceau,
Et lui procurant une tombe,
Comme elle avait fait son berceau.

Pour opérer de tels miracles
Et pour surmonter les obstacles
Qui s'élevaient de toutes parts,
Il fallait réveiller la molle indifférence,
De l'égoïsme froid abattre les remparts,
Intéresser l'orgueil à ce succès immense,
Au dandy, même au fat, couler quelques regards :
La quête a fait cela sous les traits de la femme.

Je le dis du fond de mon âme :
Les femmes ont décidément
Du bon l'admirable magie,
Du plus absolu dévoûment
L'intelligence et l'énergie.
La charité, c'est là leur fard !
Elle saisit leur chair, serpente dans leurs veines,
Brille au bord de leurs yeux, nage dans leur regard ;
C'est par elle qu'elles sont reines.
Aussi, bien rarement manquent-elles le but.

Fidèles à cette maxime :
Que c'est à nous, Messieurs, à payer le tribut,
Et qu'ici-bas leur attribut
Consiste à percevoir la dîme.

Auxiliaire tout puissant
De l'État qui répand l'assistance publique,
Mais qui ne peut suffire à ce fardeau pesant,
La femme, avec un zèle intrépide, incessant,
Se dévoue à la tâche et devient héroïque.
De la Providence et du ciel
Succursale vivante, en bonne ménagère
Elle préside, ou bien s'ingère,
Sans caractère officiel,
Aux établissements que fonde et que surveille
La charité privée; elle est comme l'abeille
Qui butine et viendrait y déposer son miel.
Hospice des Vieillards, Charité Maternelle,
Associations, saintes Communautés,
Asiles du malheur par l'aumône dotés,
Elle couvre tout de son aile.

Le pays souffre-t-il du ravage des eaux?
La peste, l'incendie, ou bien d'autres fléaux,
Au sein de nos foyers que la terreur domine,
Portent-ils tour à tour la mort ou la ruine?
Enfin, par un concours de cruels accidents,
Voit-on sombrer l'esquif de pêcheurs imprudents?
La quête à domicile aussitôt s'organise;
Avec empressement un chacun se cotise :
La souscription s'ouvre, on marche de concert;
On s'inscrit pour un bal et puis pour un concert;
On danse, on chante, on rit, on s'agite, ou l'on cause;
Et, pendant ce temps-là, l'infortuné repose :
Il sait que ces plaisirs, mêlés d'un seul regret,
Sont escomptés pour lui, dans son seul intérêt;

Il sait que l'ouvrier s'appliquant à bien faire,
Par de nobles sueurs y double son salaire :
Ah ! je n'ai pas encor dansé la mazourka,
Mais je prends, à ce prix, des leçons de polka !

Secourir le malheur n'est pas l'objet unique :
    La quête revêt quelquefois
    Un caractère politique.
    On souscrit pour la République,
    Ou pour le descendant des Rois.
    Dans une telle circonstance,
Chacun a son drapeau, sa foi, sa conscience,
Son intérêt aussi, qui souvent est sa loi.
    Les enfants du général Foy
    Sont traités comme fils de France;
Et des cœurs dévoués peuvent, avec de l'or,
Au royal exilé restituer Chambord.
Pour ma part je consigne, au livre de mémoire,
    Sans croire déserter mon bord,
Et l'offrande au principe et l'offrande à la gloire.

Ah ! de nos jours, courbé sur le bord du chemin,
On ne t'aurait pas vu, Bélisaire, ô grand homme,
A l'éternelle honte et du prince et de Rome,
    Mendiant, ton casque à la main !
On n'eût pas entendu cette voix militaire
    Suppliante, elle qui naguère
    Glaçait l'ennemi frémissant;
Et l'aveugle oublié dire à chaque passant :
    « Donnez l'obole à Bélisaire ! »

    Du noble, du grand et du beau,
Le Français, que l'on dit inconstant et frivole,
    Qu'on me passe cette parole,
A le flair. Aux lueurs d'un sinistre flambeau
    S'il encense une fausse idole,

S'il s'égare, bientôt il la brise. Au tombeau
Il reprend les grandeurs par la mort abattues,
Les fait revivre en marbre et traduire en airain.
Plus je vois qu'au Génie il dresse des statues,

Plus je me dis : Sur ce terrain,
L'invasion, la barbarie,
Ne peuvent mordre, et la Patrie
Est sûre de son lendemain.

Place à la grande Cavalcade !
Laissez lentement s'avancer
Cette sublime mascarade !
La quête en grand va commencer.
A la tête de la parade,
Les auteurs du déguisement,
Font figurer des Preux qui, jadis, proprement
Allongeaient aux Anglais de fiers coups d'estocade.
Ils ont trouvé probablement,
Diogènes nouveaux, au clair de leurs lanternes,
Des grands hommes du jour les figures trop ternes,
Et dès lors se sont adressés
Tout simplement aux temps passés.
Ces temps avaient du bon. Parmi ceux qu'on exhume,
Choisissant des héros, d'illustres trépassés,
Ils en ont endossé l'armure ou le costume;
Et, s'affublant ainsi d'une gloire posthume,
Aux regards du public ils se sont prélassés.
Place ! élargissez l'avenue !
Du moment solennel voici l'heure venue.
Des fenêtres, des toits, des arbres, des balcons,
La grêle de l'aumône, étincelante et drue,
Comme une neige épaisse au milieu de flocons,
Tombe et ruisselle dans la rue.
Allons, démenez-vous, délicieux farauds,
Mousquetaires charmants, enfarinés Pierrots,

Établis sans brevet Receveurs des finances,
Dans vos chapeaux de feutre évasés et profonds,
Appelez, provoquez, engloutissez les fonds,
 Et prodiguez les révérences!
C'est le peuple qui donne à plus pauvre que lui :
Dans ses mains, il est vrai, l'argent n'a pas relui;
Mais le cuivre qu'il a, joyeux il l'abandonne;
 Dépêchez, et videz la tonne
 Où le manœuvre et l'artisan,
Et de nos environs le simple paysan,
 Ont versé leur modeste aumône !.....
 De ces milliers d'oblations,
 Calculez le chiffre, il étonne!.....
Peuple, en t'associant aux bonnes actions,
 Tu fais du bon socialisme :
 Diminuer le paupérisme,
En portant en commun nos cotisations
Au pauvre, à l'affligé nos consolations,
 Voilà le seul vrai communisme?

Revenons maintenant, pour ne plus la quitter,
 A notre quête féminine,
 A la manière un peu féline
Dont la femme se sert pour mieux nous exploiter.
Je constate d'abord, je lui dois cet hommage,
Qu'en luttant avec elle, et jouant au plus fin,
 Elle a sur nous cet avantage,
 Que les moyens à son usage
 Sont justifiés par la fin.
Puis, cette guerre sainte et qui n'a pas de trève,
A pour nous du piquant : nous nous plaisons au jeu
 Où les Dames rusent un peu;
En mordant à l'appât, nous en aimons la sève ;
 Enfin, nous nous disons tout bas :
 Si la femme ne rusait pas,
 Serait-elle donc fille d'Ève?

Aplomb., mesure, dignité,
Grâce, à-propos, vivacité,
Brillent dans sa riposte, et cela nous enchaîne :
D'un mot elle est toujours certaine
De mâter notre vanité.
Un exemple, entre cent, vaut, je pense, la peine,
Tout vieux qu'il est, d'être cité.

Une dame quêtait; elle était jeune et belle.
Le cardinal de Richelieu
Vers elle dirigeait le feu de sa prunelle;
Il avait déposé, n'importe dans quel lieu,
Tous les signes de sa puissance;
En costume laïque, en simple chevalier,
Il s'avançait avec aisance,
Libre de sa grandeur et d'un air familier.
Qui porte éperons et moustache,
Est toujours, avec son panache,
Moins cardinal que cavalier.
La charmante quêteuse avait touché son âme;
Il lui remet de l'or, et, d'un ton louangeur :
« Pour vos beaux yeux, ma belle dame! »
« Et pour les pauvres, Monseigneur? »
Répond-elle aussitôt, sans perdre contenance.
Alors, faisant la révérence,
Sa main mignonne elle avança,
Et la bourse de l'Éminence,
Ma foi, tout entière y passa.

Après cette anecdote, il me revient en tête
Un trait qui ne lui cède en rien;
Il est récent et la vaut bien.
Il s'agit aussi d'une quête;
Le narré n'en sera pas long :

Une Dame, dans un salon,
Circulait en plaçant ses billets à la ronde;
Et, du peigne entraîné, sa chevelure blonde,
Épaisse, s'échappait, soyeuse et vagabonde,
　　Pareille à celle d'Apollon.
Un lion, dans un coin, dévorait en extase
Ce merveilleux trésor, objet de tous ses vœux.
« Je paierais de mon or, dit-il avec emphase,
　　» Une mèche de ces cheveux! »
La Dame se retourne, et puis, avec prestesse,
Sous les yeux du lion un moment éblouis,
Elle abat une boucle, et sa bouche traîtresse
Lui coule ces deux mots par tout le cercle ouïs :
« De mes cheveux, Monsieur, vous vouliez une tresse;
» Acceptez-la, tenez : c'est cinquante louis. »
Le lion fut tenté de faire la grimace;
Mais comment se donner un honteux démenti
Aux yeux de ses amis qui le clouaient sur place?
Aussi crut-il devoir, c'était le bon parti,
　　S'exécuter de bonne grâce.
Or, comme tôt ou tard, quelquefois ici-bas
　　Les sacrifices vrais prospèrent,
　　Les beaux cheveux blonds repoussèrent;
　　L'argent seul ne repoussa pas.

Quelques mots, maintenant, touchant ces loteries
De nos sucs généreux à chaque instant nourries.
Pour elles n'est point fait notre Code pénal;
Le Préfet les approuve, et tout devient légal.
Déjà la Patronesse, au maintien respectable,
De mille objets divers a surchargé sa table;
Le prix est toujours fixe, et la jeune beauté
Qui préside à la vente au plus haut l'a coté.
On ne marchande pas auprès de tant de charmes,
Et vingt fois l'acheteur est passé par les armes.

J'ai vu, de leur pitié, ces martyrs, ces héros,
En chiffres fabuleux payer de vrais zéros;
J'ai vu des jeunes gens, que des pères avares
Forçaient de la régie à fumer les cigares,
De blonds panatellas aussitôt consumés,
Qu'au feu de deux beaux yeux ils avaient allumés,
Acheter à prix fou quelque feuille odorante,
Et d'un mois, en un soir, aliéner la rente.

Pour moi, qui, maintes fois, pour faire mon salut,
En chrétien charitable ai payé mon tribut,
Je me tiens, je l'avoue, à l'écart, un peu roide,
Comme un chat échaudé qui redoute l'eau froide.
Modeste en mes secours comme en tous mes moyens,
De billets à vingt sous pour moi, puis pour les miens,
Je prends une série, et me mets en campagne
Dans l'espoir d'un bon lot : car quelquefois on gagne.
Mais de la carte, hélas ! connaissez le dessous :
    Il cache toujours quelque piége ;
Et je n'ai jusqu'ici gagné pour mes vingt sous,
    Qu'un mauvais almanach de Liége.
    Or, n'en soyez pas étonnés :
    Car, en général, les quêteuses
    Sont de fort grandes prometteuses ;
    Et puis, lorsqu'encor fascinés
Par leurs yeux agaçants et leurs mines menteuses,
Vous réclamez les dons qu'on vous a destinés,
    Vous n'obtenez de ces moqueuses
    Qu'éclats de rire à votre nez.

Aussi, dans mon dépit, je me sauve aux églises.
J'entre : aux portes déjà les Dames se sont mises ;
Et je vois dans leurs traits la résolution
De forcer le fidèle à contribution.
Il est vrai qu'à l'entrée où le peuple se roule,
On peut, à la rigueur, s'esquiver dans la foule ;

Mais, après la prière, il faut pourtant sortir :
De tous côtés alors on se voit investir.
Les quêteuses, d'accord, font bonne et sûre garde ;
Un suisse les appuie avec sa hallebarde ;
Et comme, en fin de compte, il faut passer par là,
Vous évitez Carybde et tombez en Scilla.

Cependant au sermon déjà l'heure m'appelle,
Et du vaste hôpital je gagne la Chapelle.
On parle d'un illustre et saint prédicateur :
Je veux le voir, l'entendre, et du grand orateur
Ne perdre pas un geste, une seule parole ;
Dès le seuil j'aperçois resplendir son étole ;
Je m'élance, et soudain apparaît contre un mur
Un plateau dont le sens n'a pour moi rien d'obscur :
Une âme charitable, au surplus, me l'explique.
Le tarif est formel, il porte, sans réplique,
Qu'on ne peut aborder les chaises ou les bancs,
Sans laisser au plateau sa pièce de cinq francs.
Mais, moyennant l'impôt qui pèse sur ces siéges,
Quelques pauvres goutteux se rendront à Baréges !
J'acquitte avec bonheur le prix de ma rançon,
Et le sermon ouï, je cours à la prison.

Les quêteuses y sont encore en embuscade,
    Aussi fermes qu'un pied-cormier ;
    Du premier coup sur ce damier
L'on est échec et mat et l'on bat la chamade :
    Un escamoteur de muscade
    Y serait pris tout le premier.
De cavaliers, d'ailleurs, assez bien escortées,
Entre les deux guichets ces dames sont plantées.
    Là, pour le pauvre prisonnier,
Des femmes, des enfants, du bon peuple aumônier
Elles sondent le cœur, inépuisable source :

Le cœur, on ne peut le nier,
Tient par quelque fibre à la bourse;
Il faudrait être sans ressource,
Pour ne pas offrir son denier.
On le donne et le ciel l'accepte;
Aussi n'est-ce pas sans raison
Que je formule ce précepte :
Payez, Messieurs, payez pour entrer en prison;
Mais ne confiez pas aux reclus des cellules,
Qu'on a, sur le fronton, profondément sculpté
Ce mot en lettres majuscules,
Ce mot doux et cruel à la fois : Liberté!

Pour ma part, grâce au ciel, me voilà dans la rue;
Je sais qu'à la brebis tout récemment tondue
Le Seigneur mesure le vent,
Et jespère qu'enfin, délivré de la quête,
Je pourrai m'abstenir de dire trop souvent :
Ma foi, néant à la requête.
Mais à peine ai-je fait quelques pas en avant,
Que des dames, par moi justement vénérées,
Font appel à ma charité
Pour des femmes qu'avec quelque sévérité
La justice frappa, puis qu'elle a libérées.
« Si vous avez la cruauté
» De nous refuser ce service,
» Disent-elles, Monsieur, nous ne répondons pas
» De ne point les revoir tomber, à chaque pas,
» Ou dans le vol ou dans le vice. »
Que répondre, Seigneur, et comment repousser
Des motifs de cette importance!
Prendrai-je sur ma conscience
Tous ces futurs méfaits qu'on vient de retracer?
Non, le mieux est, je crois, de prendre dans ma bourse,
Et d'éviter aussi, par une prompte course,
Toute quête qui peut encor la menacer.

J'y puise donc, salue et pars comme une flèche,
Quand, auprès du local où sont les Facultés,
Et courant comme moi, de jeunes éventés
  Me font tomber dans une crèche.

Ai-je besoin, Messieurs, d'ajouter maintenant,
    Qu'autour de moi chacun s'empresse,
    Et que la Dame patronesse
  · Me sollicite adroitement
Pour une œuvre à laquelle, oh! bien assurément,
    Tout galant homme s'intéresse.
    Je m'incline à ce compliment :
L'insinuation est bonne en rhétorique,
J'en connais la figure; et pour toute réplique
Je solde mon impôt. Puis, comme il se fait tard,
A travers cette rue où le nom de Bouffard
Est inscrit, je maugrée, en style académique,
Contre la Patronesse et son peuple moutard.
J'arrive cependant à la place Dauphine,
Sans me croire sauvé, je me sens au grand air,
    Je l'aspire à pleine poitrine,
    Et lentement je m'achemine
    Vers le beau jardin de Coudert.

Par mon nom, cette fois, j'entends que l'on m'appelle :
    Une pieuse demoiselle
Me rejoint et m'expose, en termes chaleureux,
Qu'il faut venir en aide à tous les malheureux ;
Sur quoi j'aprouve fort sa pensée et son zèle.
Avec certains frissons je l'attendais venir :
Elle, va droit au but, sans que rien l'embarrasse,
    Et me presse de subvenir
Aux besoins renaissants des servantes sans place.
Quoi! par un bon repas, d'un doux repos suivi,
Nourrir des serviteurs qui ne m'ont pas servi,

Lui dis-je, mais la chose est au moins singulière !
« De cent piques, Monsieur, vous êtes en arrière ;
» Mon œuvre est politique, en voici le détail ;
» C'est clair comme le jour ; écoutez : au lieu d'ail,
» Je nourris de bon bœuf la fille inoccupée,
» Il est vrai ; mais jamais, ou je suis bien trompée,
» Elle ne votera pour le droit au travail. »
Ma foi, cette raison me paraît décisive,
Repris-je, et maintenant ce n'est plus un rébus.
Tenez, graissez le pain et colorez l'eau vive
     Des servantes *in partibus*.

Cela dit, et Damour apercevant l'allée,
J'y pénètre : au détour, une dame voilée,
     Devant laquelle, avec respect,
Je me courbe en passant, s'arrête à mon aspect.
Allons, pensai-je alors, en regardant ma montre,
     Allons, encore une rencontre ;
     Dans ces lieux c'est un peu suspect.
« Si vous alliez trouver ma demande indiscrète,
» Me dit avec beaucoup de grâce et de douceur
» La dame aux traits voilés ; mais on sait votre cœur
» Ardent à soulager toute peine secrète !
» C'est le mois de Marie, et pendant tout ce mois,
     » Où les fleurs, les champs et les bois
» Exhalent leurs parfums, tristes, anéanties,
» Soumises à la règle, à de sévères lois,
     » Vivent les filles repenties.
» Elles travaillent tant ! elles gagnent si peu !
     » Contribuez, au nom de Dieu,
» A nourrir au bercail ces brebis égarées,
» Mais par la pénitence à présent épurées. »
     Faut-il maintenant ajouter
Qu'à ces mots je sentis une bien vive peine,
     Que je fus près de sangloter ;

Et qu'en songeant à Madeleine
Je donnai, donnai sans compter.

Vous me croyez au port après tant de bordées :
        Détrompez-vous ; d'un seul coup-d'œil
Je vois que chez Coudert les portes sont gardées :
Mon désir d'admirer ses belles orchydées
        M'en fait pourtant franchir le seuil,
Et j'y cours rafraîchir mon sang et mes idées,
        Sombres comme en un jour de deuil.
A l'aspect d'un beau lys, à l'odeur d'une rose,
Ou de la violette, humble fleur des amants,
Le cœur s'épanouit et l'esprit se repose.
        Tout à coup, les dragons charmants
        De ce jardin des Hespérides,
S'attachant à mes pas sur les sables arides,
M'arrachent aux douceurs de ces heureux moments.
A payer le tribut leur regard me convie :
        Il serait bien fin le renard,
Eût-il rompu les chiens mille fois en sa vie,
Qui pourrait éviter, quand sa piste et suivie,
        D'être pris à ce traquenard !
Aussi je m'exécute, et battant en retraite,
        Je me retire et ne fuis point :
Car les quêteuses sont terribles à ce point,
        Que si je me mettais en tête
        De fuir pour mieux leur échapper,
        Vite elles se mettraient en quête,
        Je pense, pour me rattraper.
Je fais quelques circuits d'une manière habile ;
        J'évite avec soin d'approcher
        De certains quartiers de la ville,
Où l'on pourrait encor me suivre et m'accrocher,
Et me glisse au milieu des marais Belleville.
Là, je vois scintiller et briller au lointain ;

Comme l'étoile du matin,
Une lumière vagabonde.
Je m'approche; on chante une ronde
Autour d'un autel enfantin.
Un vif essaim de jeunes filles,
Dont quelques-unes sont, ma foi,
Jà grandelettes et gentilles,
Accourent au-devant de moi.
Bientôt j'aperçois leur sourire,
Et l'escadron est si joli,
Que tout bas je me prends à dire :
Ad me venite parvuli.
Elles n'y manquent pas : aussi fines qu'agiles,
Semblables au renard caressant le corbeau,
De leurs petites mains me tendant leurs sébiles :
« Vous avez l'air si bon! Ce Monsieur est si beau! »
Disent-elles. Enfin, fausse ou bien ingénue,
Leur flatterie a du succès,
Me chatouille, puis s'insinue,
Et puis aux demandeurs fait gagner le procès.
Si bien, qu'après avoir payé ma bienvenue,
Messieurs, il arrive cela,
Qu'un sou par ci, deux sous par là,
Aux quêteuses en herbe abandonnant mes pièces,
Je retourne au logis, assez léger d'espèces,
Mais plus content; et puis,.... voilà.

Et maintenant, pourquoi dans ces lieux que décore
L'élite de notre cité,
Vous priveriez-vous donc de satisfaire encore
Cette rage de charité
Qui vous possède et vous dévore?
Allons, continuons comme on a commencé,
Et qu'ici le présent corresponde au passé.
Des beaux vers aujourd'hui le public idolâtre,

Ne laisserait jamais, non jamais, n'est-ce pas?
Mourir à l'hôpital Gilbert et Malfilâtre.

    Permettez donc et sans débats,
    Messieurs, d'improviser la quête
Pour le poëte pauvre, à moi pauvre poëte.
Chaque homme également n'est point avantagé :
    L'un fait, l'autre reçoit l'aumône ;
    Mais, croyez-moi, celui qui donne
    Est encor le mieux partagé.

    Et puis, voyez-vous, je confesse
Que les voyant ici dans l'antre du lion,
A certaine quêteuse, à mainte patronesse,
Je voudrais appliquer la loi du talion.
Des lettres, des beaux-arts, charmante protectrice,
Une Muse*, qu'ici l'on nomme en ce moment,
Recueillerait vos dons, et, dans son dévouement,
    En serait la dispensatrice.
Certes, les gens lettrés dont elle est bienfaitrice,
    Y gagneraient tous doublement.
Qn'on ne m'objecte pas que rien ne m'autorise
A cet acte, à ce fait sans précédent légal :
Quand Cheverus quêtait dans la salle de bal,
Citait-on contre lui les Olim de l'Église ?

Il nous faut du nouveau, c'est une vérité ;
    Or, ce nouveau je le provoque,
    Et, de mon chef, je vous convoque
    A ce congrès de charité.
N'avez-vous rien sur vous? eh bien! donnez en gage,
    Vous, des bagues, beaux amoureux!
    Vous, vos anneaux de mariage
    Pour vous unir aux malheureux!

---

* Madame M......, née L......

Et maintenant, veillez, gardes, à cette porte ;
    Et, d'après mon commandement,
    Faites que personne ne sorte
    Sans mon exprès consentement.

Mais, tout autour de moi, plus d'un morne Aristarque,
Blâme tacitement l'affaire où je m'embarque ;
Le front tout soucieux et le sourcil froncé,
Des antiques censeurs ils ont l'air courroucé.
Peut-être pensent-ils que leur nouveau collègue
Ferait mieux de se taire ou de devenir bègue.....
Peut être, impatients, s'apprêtent-ils bientôt
A fulminer sur moi la honte d'un véto,
Et, m'arrêtant tout court au plus beau de mon rôle,
Vont-ils, en se levant, me couper la parole ?.....
Ah ! pour l'honneur du corps, qu'il ne soit jamais dit
Que l'élan de mon cœur vous l'avez interdit ;
Je le reprends. Jamais en pleine Académie
La quête n'étendra sa sainte épidémie.
Prises, sans soupçonner la glu de mes billets,
Les dames, en riant, vont rompre mes filets :
Vos soins, contre lesquels je proteste et m'indigne,
Vos scrupules, vos peurs, vont ravir à ma ligne
Ces poissons confiants qui nageaient dans mes eaux ;
Et peut-être déjà qu'au lieu de ses bravos,
Ce public inconstant, mouvant comme la vague,
Prépare cet arrêt : « Le poëte extravague ! »
Ou bien va s'écrier, sortant de sa stupeur :
« J'en suis quitte, ce soir, grâce à Dieu ! pour la peur. »

Bordeaux. — Imp. Gounouilhou, rue Ste-Catherine, 133.